REFVTATION

de l'abus pretendu, & la des-
couuerte de la veritable
ignorance & vanité du pere
François Garasse.

Quando animositatem, qua tene-
ris, viceris; tunc veritatem po-
teris tenere qua vinceris. Aug.
l. 6. *contra Iulianum,* cap. vl-
timo.

M. DC XXVI.

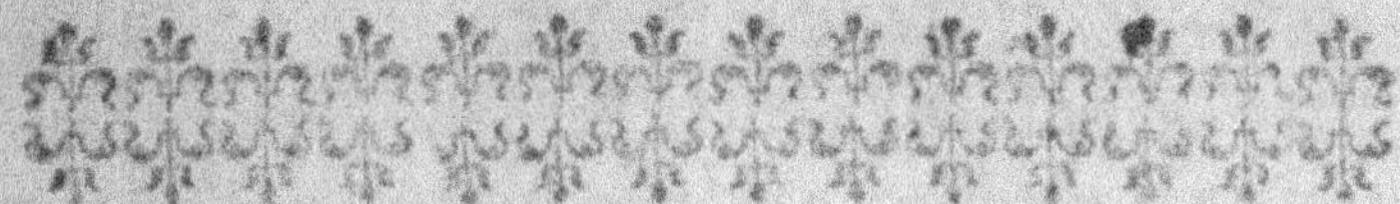

REFVTATION

de l'abus pretendu, & la des-
couuerte de la veritable
ignorance & vanité du pere
François Garasse.

Quando animositatem, qua tene-
ris, viceris: tunc veritatem po-
teris tenere qua vinceris. Aug.
l. 6. contra Iulianum, cap. vl-
timo.

Pag. 4. **O**N *est contraint, pour se rendre*
populaire, d'expliquer les matie-
res Theologiques, *more concionatorio.*

C'est vne grande ignorance, si vous
croyez que les Sermons populaires puis-
sent estre remplis de fausletez : & vne
grande malice, si l'ayant sceu vous ne vous
en estes pas soucié.

Ibid. *Car c'est ainsi qu'ont fuict les Peres.*

Les Peres ne se departent point de la verité, & partant vostre façon d'escrire est autant esloignee de la leur, que vous l'estes des Peres.

*Ibid. *Il a sceu choisir son temps, & me prendre au milieu de mes occupations de Caresme.*

Cela est faux. Il y a deux mois que vous auez mon liure imprimé, par le moyen de celuy qui pour vous fauoriser la faict arrester entre les mains de l'Imprimeur. Et en tant de iours vous n'auez peu faire qu'vn petit Liuret, remply de nouuelles impostures, & faussetez, de deguisements, de fuittes, & de faux silences.

Ibid. *Il abuse mal à propos du sacré temps de la Quarantaine.*

C'est vne action de haute pieté, que de détromper les peuples, des faussetez qu'on leur propose publiquement, & le vray moyen de se disposer à gaigner les Indulgences, & le pardon de ses pechez, quand mesme il ne seroit pas facilité par ceste liberalité extraordinaire, que l'Eglise nous a faicte en ce Iubilé.

Ibid. *Corrompant & deguisant mes parolles.*

Cala est encore faux, & en tout vostre

Liuret vous n'en auez peu marquer vn
seul exemple.

Pag.5. *M'interdire s'il pouuoit l'vsage de
la plume & de la voix.*

Pleust à Dieu que vos Superieurs fussent
si aduisez que de le faire, par la puissance
de gouuerner qu'ils ont sur vous: car il est
impossible d'arrester par des raisons vn
homme, à qui la vanité ne permet point
de les entendre.

Ibid. *L'honneur de mon ministere, lequel
il attaque directement sous pretexte de zele.*

I'attaque les defauts du ministere, afin
que vous vous en acquittiez auec plus
d'honneur, ou bien afin que vous vous em-
ployez à d'autres ministeres qui ne sur-
passent pas vostre portee.

Ibid. *I'eusse bien desiré que le Censeur
anonyme qui ne s'est iamais voulu descouurir
ny dans la Sorbonne, ny à ceux qui le pouuoient
interroger iuridiquement.*

I'entends de quel personnage vous parlez. Si vous tenez la verité, pourquoy
courez vous aux Iuges seculiers? Que crai-
gnez vous? Que tempestez vous contre
les Examinateurs? *Veritas liberabit vos.*
Ioh. 8. Car *Veritas inuicta est & omnes a-
matores suos facit inuictos.* Si vous ensei-

gnez la verité, ce liure en sera plus authen-
tique. Si des faussetez, vous estes criminel
læsæ maiestatis diuinæ, de vouloir estouffer
par brigues la verité.

Ibid. *Il pouuoit employer son zele en la
refutation des fautes de Charron*.

I'employeray vne petite parcelle de ce
zele à descouurir les impostures que vous
luy faictes, en deschirant trop cruelle-
ment cest Autheur.

Pag. 6. *Puis qu'il luy plaist prendre sa pla-
ce dans le camp des ennemis de Dieu*.

De quels ennemis ? Si vous l'entendez
de ceux de Dieu, vous vous trompez : car
ie les combats en refutāt les faussetez que
Dieu haït comme des pestes contraires à
sa verité. Si vous entendez vos ennemis,
vous vous trompez encore : car l'amour
que ie vous porte me fait trauailler pour
corriger vos fautes, suiuant la sentence de
*Clem. Alexand. l. 1. Pedag. Beneuolentiæ non
odij signum est reprehendere*, &c. voyez le
reste. Mais quoy, *Isti nihil horum intellexe-
runt. Luc.* 18.

Ibid. *Ces quatre Tomes degenereront en quatre Atomes ridicules de Democrite*.

Leuez donc le sort, ou le charme, que
vous auez ietté pour empescher que mon
liure ne bougeast de la boutique de l'Im

primeur, & vous verrez, si ce seront des atomes ridicules de Democrite, ou des tomes pour vo° faire pleurer auec Heraclite.

Pag. 7. *C'est en sa personne que la Circoncision commença.*

Ce sont les paroles qui contiennent la fausseté, dont ie vous accuse.

Ibid. *Le Censeur m'accuse d'auoir en ces paroles corrompu deux fois l'Escriture saincte.*

Cela est faux, ie vous accuse de l'auoir ignoree, ou de ne l'auoir pas entenduë.

Ibid. *Mes parolles ne disent rien moins que ce que le Censeur s'est imaginé.*

Il ne faut que lire & considerer vos paroles sur ce suiet.

Ibid. *Ie ne dis pas absolument qu'Isaac fut circoncis le premier de tous les hommes.*

Il ne faut que considerer les paroles de François Garasse.

Ibid. *Mais que le premier de tous les hommes il fut circoncis le huictiesme iour.*

Vous n'en auez autre asseurance par l'Escriture, que celle que la hardiesse de voſtre esprit vous donne : car puis qu'il y naissoit vne si grande quantité d'esclaues dans la famille des seruantes d'Abraham, que trois cens dix-huict de ceux-là furent capables de porter les armes (*Numerau*

6

expeditos vernaculos suos trecentos decem &
octo. Genes. 14.) Quelle asseurance &
quelle apparence y a-il que lors qu'Abraham fut circoncis, ou durant toute l'annee
qui coula deuant la naissance d'Isaac, il n'y
naquist nul esclaue en la famille, puis que
la loy de circoncire les enfans le huictief-
me iour est generale, & comprend aussi
bien les esclaues nais en la maison, acheptez, estrangers, que les propres enfans
d'Abraham. Ie passe les enfans des esclaues acheptez, & des estrangers, qui pouuoient aussi receuoir la circoncision. Gen.
17. v. 12. & 27.

Pag. 8. *Elle dura encore apres Iesus-Christ*
plus de trente ans, mais ce fut par tolerance.

C'est vne nouuelle fausseté, si vous parlez de ces trente ans qui coulerent depuis
la Circoncision de Iesus-Christ iusques à
son Baptesme, desquels ie parle, quoy que
vous le dissimuliez.

Ibid. *Au chap. 15. & 16. des Actes, S. Luc*
qualifie ceste souffrance de la Circoncision Hæ-
resim Pharisæorum.

Cela est faux, S. Luc ne parle point de la
souffrance, mais de la necessité de la Circoncision & loy de Moyse: car ils disoient,
chap. 15. *Non potestis saluari nisi, &c. Et*

oportet circumcidi. La Circoncision donc &
les ceremonies estoient permises du temps
des Apostres, & par S. Pierre & par S. Iacques, & par S. Paul : mais non necessaires,
& en cela consistoit l'heresie. Lisez l'Epistre 9. & 19. de S. Augustin, & vous trouuerez la fausseté conuaincuë.

Ibid. *La Circoncision se termina en la personne de Iesus-Christ*, de iure si non de facto.

Cela est faux durant ces trente ans deuant que la loy nouuelle fust annoncee, &
que le Baptesme succedast à la Circoncision, duquel temps ie parle.

Pag. 9. *Ie dis que la partie est inégale.*

Il n'estoit pas question de ces deux conditions, vous ne dittes donc rien à propos,
n'estant question que de l'inuisibilité.

Ibid. *En ce qu'il est inuisible.*

Vous ne respondez rien à mes raisons
qu'en fuyant.

Ibid. *Les discours qu'il faict touchant l'assistance de la grace seroient bons en chaire.*

C'estoit pour vous faire entendre par
quel moyen la partie se faict egale pour
combatre le Diable.

Pag. 10. *Ressent le style declamatoire.*

Cela n'importe, pouruéu qu'il declame

contre des fauſſetez. Souuenez vous que voſtre Somme eſt eſcrite *ſtylo concionatorio*, comme vous dittes icy pag. 4. l. 6. *Me-dire cura teipſum. Luc. 4.*

Ibid. *Il eſt dit au chap. 16. du ſecond des Roys.*

Vous diſſimulez que i'ay reſpondu à ce paſſage.

Ibid. *Miphiboſeth ſe banda directement contre Dauid.*

Vous vſez de mauuaiſe foy, diſſimulant que ce ſont les paroles d'vn valet traiſtre à ſon Maiſtre, comme ie l'ay prouué.

Pag. 11. *Sale & poudreux.*

Vous diſſimulez que l'Autheur du texte ſacré l'excuſe en rapportant les marques du deüil qu'il auoit lors meſme que le Roy ſortit de Ieruſalem.

Ibid. *Il m'accuſe d'impertinence en ce que ie dis que les taupes voyent dans leurs cauernes qu'il y a vn Dieu.*

Pourquoy laiſſez vous le reſte que l'ame de l'hôme eſt immortelle, que nous ſommes des arbres tranſplantez, &c. Les taupes voyent-elles ces veritez?

Pag. 12. *Les taupes dans leurs cauernes cognoiſſent par vn inſtinct.*

Ceſt inſtinct donques ne manque point

aux Atheiftes, qui partant verront auffi bien Dieu que les taupes par ce moyen, ainfi vous ne dites rien à propos.

Ibid. *Qu'il y a vne diuinité au monde.*

Mais comment voyent les taupes & les beftes que l'ame de l'homme eft immortelle? que nous sommes des arbres tranfplantez? &c. à quoy vous faictes fagement de ne refpondre rien.

Ibid. *Ie dis que c'eft difcourir au hafard.*

Vous ne refpondez point à la preuue que i'en fais, & aux raifons que i'apporte pour conuaincre l'impertinence de voftre allegorie.

Pag. 13. *Ie traduis auec S. Ierofme.*

Il eft faux, car vous dittes, Ie fouleray, qui eft le mot que ie combats & qui fert à noftre propos.

Ibid. *Comminuam atque confringam.*

N'eft ce pas ce que i'ay dit, que *delebo eos*, fignifie effacer de la vie, ou de la memoire. Ce que S. Ierofme a exprimé par ces paroles *comminuam atque confringam*, qui peuuent fignifier ce que ie dis, & non pas, Ie fouleray, comme vous dittes.

Ibid. *Les paraphrafes.*

Vous diffimulez que i'ay dit qu'il n'eftoit pas queftion d'vne paraphrafe, mais de l'allegation du vray texte.

Ibid. *Le Censeur vse de preuarication à son ordinaire, car il retrenche mes paroles.*

C'est vne fausseté que vous m'imposez, voicy vos propres paroles pag.32.l.25.(où vous rapportez le texte de l'Apostre) *traduisent toutes choses en luxure & vilainies.* Et quand le mot, *Sainctes,* y seroit, ce seroit vne nouuelle falsification : car l'Apostre dit *Dei nostri gratiam.* Dauantage, vous dissimulez l'autre falsification que i'accuse, ne trouuant rien à repliquer.

Pag.14. *Il m'accuse premierement de ce que i'ay traduit* sindonem, *vne nappe.*

Pourquoy laissez vous les autres escritures, sinon parce que vous y voyez vostre confusion?

Ibid. *Des linges de femme.*

Vous vsez de mauuaise foy : car le passage d Isaye ne s'apporte que pour monstrer que *Syndon* ne signifie point vne nappe. Et vous dissimulez artificieusement les Escritures plus claires que i'apporte, & les raisons que i'y adiouste, pour prouuer que *Syndon* ne signifie pas en ce lieu là ny vne nappe, ny vn linge de femme, comme vous m'imposez faussement , mais vne sorte d'habits comme ie parle.

Pag.15. *Les habitans s'assemblerent autour de luy en grand nombre.*

Il est faux, l'Escriture n'en dit rien, sinon que les Citoyens luy donnerent 30. compagnons. Iudic. 14. v. 11.

Ibid. *Quand ie dis qu'il trouua vne cinquantaine de deuineurs, i'entends vn grand nombre.*

C'est ce que ie dis, à sçauoir plus grand de vingt personnes, que le nombre de l'Escriture cotte.

Ibid. *L'Escriture dit nommément que sa femme fut de la partie.*

Cela est faux, la femme ne fut point du nombre de ces deuineurs, mais l'Escriture raconte que Samson mesme luy exposa son enigme. cap.14. v.17.

Ibid. *Il n'y eut, à son dire, aucun grief, duquel l'Apostre deust appeller de Festus.*

Cela est faux, ie dis seulement qu'il n'y eut aucun Arrest, ny Sentence de Festus contre S. Paul, quoy qu'il y eust quelque grief.

Pag.16. *Cæsarem appellasti.*

Vous prouuez bien l'appel de S. Paul, mais non pas la Sentence de Festus, dont il s'agit.

Ibid. *Si la passion n'eust esblouy les yeux*

du Cenſeur, il euſt veu dans les propres parolles qu'il rapporte de moy, que i'ay mis l'vn & l'autre.

Si ie ne l'auois pas veu, ie n'euſſe pas raporté de mot à mot vos paroles: mais c'eſt en cela que ie vous accuſe d'auoir mis au texte ſacré le mot de *Bon*, qui n'y eſt pas, & lequel ſeul eſt à voſtre propos.

Ibid. *Le mot de* Multùm, *ie l'ay traduit* Trop, *pource que c'eſt la vraye ſignification en cet endroit.*

Il eſt faux qu'au Latin vous ayez traduit trop: mais vous auez rapporté à la marge le mot *nimium*, comme vne parole du texte ſacré, au lieu de *multum*. Et ſi la vraye ſignification du mot *multum*, eſt *trop*, ou pluſtoſt *beaucoup*, c'eſt encore vne autre queſtion, pour la ſolution de laquelle tous vos exemples ne ſeruent de rien.

Pag. 17. *Tel eſt le ſens de David.*

Il ne s'agit point du ſens, mais des paroles du texte, qui peuuét receuoir pluſieurs autres ſens que celuy que vous y entédez.

Ibid. *Les Septante traduiſent*, Diuitiæ & gloria mihi eſt.

Mais ils n'ont pas eſté ſi hardis que vous en mettant dedans (moy-meſme.)

Pag. 18. ἕως ἔλθῃ τὰ ἀποκείμενα αὐτῷ.

Vous diſſimulez finement que vous
auez adiouſté au texte ces paroles que i'accuſe, *toutes choſes*, ſur leſquelles voſtre
preuue eſtoit fondee.

Ibid. *C'eſt ainſi que liſent S. Auguſtin.*

Le meſme S. Auguſtin l. 22. chap. 85. lit.
Donec veniat cui repoſitum eſt; & iamais ny
luy ny les Septante ny adiouſtent *toutes
choſes*, comme vous faictes.

Ibid. *Me comparant auec Luther & Cal-
uin.*

C'eſt vne de vos ruſes de ne reſpondre
rien aux exemples, que i'apporte pour conuaincre vos falſifications, ſemblables à
celles des Heretiques: n'y à l'authorité du
Cardinal du Perron, qui vous couppe la
gorge: n'y à celle de S. Auguſtin.

Pag. 19. *Cenſeur, qui ne prend que la moitié de ma propoſition.*

Ie n'accuſe en vos paroles que ce qu'il y
a de faux, comme eſtoit ce que vous attri-
buyez à Ieſus-Chriſt, aſſauoir qu'il auoit
dit, que celuy aime plus qui donne plus.
Mais vous diſſimulez gentiment le reſte
dont ie vous accuſe.

Ibid. *L'vn & l'autre y fut laiſſé, comme
il paroiſt par le texte du chap. 44. verſ 17.*

Il eſt faux, Beniamin n'y fut iamais laiſſé. Qu'on voye le texte, & ce que i'en dis: à quoy vous ne reſpondez rien.

Ibid. *Il s'imagine que i'ay dit, que toutes les paroles de la Sapience ſe doiuent entendre d'Henoch.*

Qu'on peſe vos paroles, & on trouuera que ie les entends comme elles doiuent eſtre entenduës, & qu'elles ſont auſſi fauſſes que la meſme fauſſeté, ſoit qu'on les entende de tout le liure, ou quand à chaſque parole, ou quand à chaſque hiſtoire, ou quand à chaſque ſentence, ou quand à chaſque chapitre.

Pag. 20. *Comme il faiſt en tout le chapipitre 4.*

Cela eſt faux, il ne faut que voir le chapitre, qui parle euidemment en general des Iuſtes mourans, comme il paroiſt au v. 7. 17. & 18. le ſeul verſet 10. ſe pourroit appliquer à Enoch, qui n'eſt pas mort.

Ibid. *Et en pluſieurs endroits écartez de ſon liure.*

C'eſtoit à vous de cotter ces endroits.

Ibid. *Congregamini gens non amabilis:* les Septante, *Gens in erudita.*

L'vn & l'autre eſt bien loin de ce que vous dites, *Gens abſque deſiderio.*

Ibid. *Les Hebrieux au rapport de Druſus*
en

Il ne s'agit point du rapport de Drusus
que ie n'ay pas veu: mais de voſtre citatió.
Et quand au mot Hebrieu S. Ieroſme l'a
mieux entendu que vous qui l'a traduit
paſſiue non amabilis, les autres *non amata*,
comme la force du mot Hebrieu & les cir-
conſtance du texte le requierent.

Pag. 21. *Il n'y a perſonne qui ne ſçache que
l'Eccleſiaſte, l'Eccleſiaſtique & la Sapience
ſon compris ſous le meſme nom de la Sapience.*

Il eſt vray parmy les anciens, mais l'v-
ſage de noſtre temps eſt autre, & les cir-
conſtances de voſtre liure monſtrent que
vous parlez d'vn liure particulier, qui s'appelle la Sapience.

Ibid. *En tout le chap. 2. & en vne partie
du 3.*

L'vn & l'autre eſt faux : car il faudroit
eſtre aueugle tout à faiſt pour entendre le
chap. 2. des iuſtes, quand l'Eſcriture meſme ne diroit point au v. 21. *Hæc cogitaue-
runt & errauerunt; excæcauit enim illos mali-
tia eorum.* Et au chap. 3. v. 1. *Iuſtorum autem
animæ.*

Pag. 22. *Il eſt difficile de iuger.*

Vous diſſimulez ce que i'en ay dit, mon-
ſtrant voſtre faute, & oſtant toute difficul-

té d'en iuger autrement.

Ibid. *I'ay paraphrasé l'Escriture.*

Vous esquiuez en dissimulant que ie vous accuse d'auoir rendu l'Escriture ridicule par vostre paraphrase boufonne.

Ibid. *Il pouuoit bien reconnoistre que c'est vne faute de l'Imprimeur.*

Si c'est la faute de l'Imprimeur, ou celle de F. Garasse, l'original en peut faire foy, ie n'accuse que ce que ie trouue en vostre liure.

Pag. 23. *Vulgairement on lit*, posuit fucum in oculis suis.

Ie n'ay pas encore trouué ceste leçon vulgaire: mais bien *depinxit oculos suos stibio*, où il n'y a nul sujet de fonder vne Metathese, quoy que vous en fassiez vne icy contre la verité du texte vulgaire, mettant le mot *stibio*, deuant celuy de *oculos suos*.

Ibid. *Il fait vn long discours pour monstrer que* sydera errantia, *sont les planetes, chose que ie ne niay iamais.*

Il est faux, voicy vos paroles. *En toutes les diuisions des Astrologues, ie ne trouue point des estoilles vagabondes, qui monstrent vne horrible ignorance.*

Ibid. *L'Apostre entend non pas les planettes, mais ignes fatuos.*

Vous dissimulez les paroles expresses de l'Apostre, particulierement au Grec, & mes preuues pour les esclaircir.

Ibid. *Soleil, qui est l'vn des planettes.*

Vous dittes cela, comme s'il n'y auoit point d'autres planettes que le Soleil, & comme si la comparaison se faisoit quand à la lumiere, & non quant à leur mouuement.

Pag. 24. *Il m'accuse de corrompre l'Escriture, & de faire parler S. Philippe sans respect.*

Cela est faux, parler auec plus de soubmission & d'honneur (qui est ce que ie dis) n'est pas parler sans respect.

Ibid. *Le mot* Dominus *se peut traduire aussi bien* Maistre, *que* Seigneur.

Et moy ie le nie pour le regard de ce lieu. Que les Docteurs de la Sorbonne soient Iuges de nostre different.

Ibid. *Quand S. Philippes eust vsé du mot de* Magister, *il n'eust rien fait contre l'honneur qu'il denoit à Iesus-Christ.*

Aussi n'est-ce pas cela dont ie vous accuse, comme vous faictes à croire en deguisant le point de la question.

Ibid. *Comme le Censeur s'imagine que S. Philippes eust esté repris, s'il l'eust appellé Maistre.*

Cela est faux que ie me l'imagine. Vos responses ne sont que de nouuelles impostures; qu'on lise seulement ce que i'en dis.

Pag. 25. *Autrement il faudroit que Iacob adorant son frere Esaü, & Tobie quand il tomba par terre, ignorassent la Diuinité.*

A tous ces exemples que i'apporte, vous faictes le sourd.

Ibid. *Ie dis que Moyse protestoit par ce begayement son ignorance.*

Cela mesme est faux : Car le begayement n'empesche pas la cognoissance de parler, mais la puissance: tout ainsi qu'auoir les mains coupees n'empesche pas la cognoissance, ou science de s'escrimer, mais bien la puissance.

Ibid. *Qui est vne Religieuse ignorance.*

C'est vne autre faussete & ignorance Religieuse: car l'estonnement qu'on a d'vn Ange, & l'adoration qu'on luy fait, ne sont pas preuues d'aucune ignorance de la Diuinité.

Pag. 26. *En toute son estenduë.*

A ce compte tous les grands pecheurs pour Catholiques qu'ils soient, seront Atheistes. Apprenez donc que le nom d'Atheiste a vne particuliere force qui empesche qu'il ne soit attribué à ceux qui connoiſſent le vray Dieu , *factis autem negant.*

Ibid. *Aſſurément, ou le Cenſeur eſt aueu-*
glé de paſſion , ou il n'a pas leu le Chap. 8. de S.
Iean.

Il s'agit du verſet 44. dont ie parle, &
vous detournez mes paroles claires, à
tout le chap. 8.

Ibid. *Deſſeins que les Iuifs auoient de tuer*
Ieſus-Chriſt.

Il ne s'agit point de l'homicide que les
Iuifs machinoient , mais de celuy du Diable, ſignifié par ces parolles , *ille homicida*
erat, &c. & ainſi uous ne dittes rien à propos.

Ibid. *Si le diable a voulu tuer le premier*
homme , c'eſtoit principalement pour eſtouffer
Ieſus-Chriſt en ſa ſource.

C'eſt voſtre fantaiſie que vous fourrez
icy ſans preuue , & diſſimulez ce que i'ay
dit de l'opinion des anciens touchant l'homicide.

Pag. 27. *Il ſe trompe.*

Ie ne me trompe point, il y peut auoir
en vn meſme chapitre diuers paſſages , &
vous diſſimulez que ie l'ay ainſi remarqué

Ibid. *Conformes, comme ceux-cy.*

Vous paſſez ſourdement les preuues
que i'apporte pour monſtrer que le mot

de *Sacrement* ne conuenoit point à l'opera-
tion de laquelle vous parliez.

Ibid. *Ie ne cite pas les parolles, mais le sens.*
C'est l'excuse de tous les falsificateurs
du texte, qui se peuuent mieux cacher deuant les ignorans dans l'obscurité du sens,
que dans la lumiere des paroles, & de la
matiere qu'elles expriment.

Pag. 28. *Et dis que l'Arrest qu'il a prononcé contre les Payens sur l'ignorance de la Diuinité, condamne les Chrestiens au faict de la Trinité.*

Et moy ie dis que cet Arrest ne peut
condamner les Chrestiens, puis qu'il n'est
pas prononcé contre ceux qui ne trouuent
point la Trinité dans le vieil Testament,
quoy que vous deguisiez subtilement la
question.

Ibid. *Ie dis apres le Rabi Salomon, que Noë
fut le premier qui trouua l'art & le moyen par-
fait de labourer la terre.*

C'est vne glose nouuelle que vos pre-
mieres paroles ne portent point, & que
vous faictes passer encore sans preuue par
l'authorité d'vn fabuleux Rabin, qui estoit
le mesme point dont ie vous blasmois.

Ibid. *Ce n'estoit pas vn art, qui ne fut in-
uenté que du temps de Noë.*

Vous n'en anez point de nouuelles, &
respondez sans aucun fondement aux
preuues que i'apporte au contraire.

Ibid. *Il me blasme de deux fautes, & n'en*
quotte qu'vne seule.

Les deux fautes consistent en ce que
vous dittes. 1. Que Iesus-Christ contesta
auec vn Ange, dequoy il n'y a nulle trace.
2. Que ceste contestation dura toute la
nuit de la passion, mais afin que vous ne
vous plaigniez point, i'y adiouste vne troisiesme faute & fausseté, en ce que vous dictes que Iacob luitta auec vn Ange toute
vne nuit, l'Escriture dit expressement que
Iacob demeura la nuit dedans son camp,
& s'estant leué de grand matin il luitta
auec l'Ange. Genes. 32.

Pag. 29. *Le Censeur monstre qu'il n'a pas*
leu le chap. 22. de S. Luc.

Ie l'ay plus leu qu'il ne faut pour vous
refuter : Car il est tres-faux, que l'agonie
de Iesus-Christ fust vn effect de la contestation auec l'Ange.

Ibid. *Comme si Iesus-Christ, à son dire,*
n'eust eu d'autres forces ny d'autre courage que
celuy qu'il receut de l'Ange.

Il est faux que ie die cela : Ie die ce que
dit l'Escriture , que l'Ange le conforta.

Qu'on life mes paroles, elles feront voir la fauffeté des voftres.

Ibid. *Auflerité de vie ne dit pas ne manger rien du tout.*

Ce n'eft pas ce qu'on vous obiecte: Car ne trouuant rien à refpondre, vous le paffez doucement fans en faire femblant.

Pag.30. *Amen eftoit le iurement ordinaire de Iefus-Chrift.*

Vous ne refpondez rien aux raifons que i'apporte au contraire, ny aux Efcritures que i'allegue, & faites paffer cecy fans preuue.

Ibid. *Tous les heretiques Sacramentaires font de l'opinion du Cenfeur.*

Cela eft faux, vous ne faittes qu'efquiuer, ne trouuant rien à dire aux preuues dont vous vous fentez preffé.

Pag.31. *Salmeron §. vt autem.*

Au lieu de vous excufer, vous accufez vn de vos comperes, & faittes deux coulpables au lieu d'vn.

Ibid. *Par fens d'accommodation peuuent eftre tres à propos appliquées.*

Qu'on regarde ce que i'en die, & l'on verra combien cefte aecommodation eft incommode.

Pag.32. *Les interpretes modernes & an-*

ciens ne *sont pas de son aduis, qui par ce mot de
chair entendent*, hominem.

Vous faignez de n'auoir pas entendu ce
que i'ay dict, que l'Escriture est plaine d'e-
xemples, ou le mot de chair signifie l'homme. On vous accuse de la faute commise
sur Ieremie, mais vous auez de l'habilité
pour esquiuer.

Ibid. *C'estoient des boucles ou des fermoirs
de liure.*

Cela est faux, le mot de *signacula* ne signifie, ny fermoirs, ny boucles, ny cour-
roies ; les enfans de la troisiesme le sça-
uent. Et pourquoy dissimulez-vous le reste de ce que i'en dis?

Pag. 33. *Le Censeur ne sçait pas que le mot
Esurire dans les bons Autheurs, se prend pour
l'vn & pour l'autre.*

Quand il seroit ainsi , ce que vos exemples ne preuuent point, vous seriez encore
coulpable , en mettant meurt de soif , au
lieu de *Esurit* , & en changeant les paroles
du vray texte, pour y mettre vne de vos
chimeres , sous pretexte que c'est le sens,
qui est l'excuse de tous les falsificateurs.

Ibid. *Parmy les Grecs* πειναλέος *, se prend
aussi bien pour affamé comme pour alteré.*

Il est faux que le Grec πεινῶν , qui est le

24

mot de l'Apoſtre, ſe prenne pour _ἀλαυ:_
mais l'vn eſt touſiours diſtingué de l'autre.

Ibid. _l'ay donc cité le ſens de l'Apoſtre._

Cela eſt faux : Vous citez directement
contre le ſens & contre les paroles , &
quand ce ſeroit le meſme ſens , vous eſtes
coulpable de changer à voſtre fantaiſielles
paroles de noſtre texte autentique.

Ibid. _Ce Sainct a les oreilles bien delicates,_
qui ne peuuent eſcouter la comparaiſon du Pro-
phete Iſaie chap. 55.

Mes oreilles n'abhorrent point la comparaiſon d'Iſaie, mais de ce qu'on com-
mence l'Epithalame de la nature diuine
auec l'humaine , par les folies prophanes
des Poëtes, en ſe gliſſant meſme au milieu
de la Cour celeſte , pour les chanter deuant la face de Dieu.

Pag. 34. _S. Luc aux Actes chap. 14. Verſ. 22_
& les Machabées liure ſecond chap. 6.

C'eſt vne preuue digne de voſtre bel
eſprit, qui ne void point, où ne veut pas
voir que S. Luc rapporte les paroles des
Payens : _Vocabant Barnabam Iouem_ ; &
que l'autheur du liure des Machabees rapporte qu'Antiochus commanda de ſouïl-
ler le Temple de Ieruſalem , _Et cognomi-_

n are Iouis Olympij. Est-ce respondre ou tromper le monde?

Ibid. *Ie parle clairement dans tout mon dis-*
cours de la beauté du corps & de l'ame de Iesus-
Christ.

Il ne faut que lire le lieu d'où i'ay tiré vostre passage que i'accuse, pour voir si ce n'est pas la beauté du corps dont vous parlez, en appellant Iesus-Christ bel homme. Car tout le chapitre est faict expresse-ment pour cela.

Ibid. *Le Censeur forge contre moy, disant,*
que ie ne fais estat que de la beauté du corps.

Cela est faux, qu'on lise ce que i'en dis sur la fin de mon discours.

Pag. 35. *C'est celle-là seule qui me faict ap-*
peller quelqu'vn bel homme.

Il n'y a, ny sçauant, ny ignorant dans Paris, horsmis vous, qui entendist ceste façon de parler autrement que comme ie l'entens.

Ibid. *Apres auoir dit que les Soldats cru-*
cifierent Iesus-Christ, ils adioustent, S. Luc au
verset 35. & S. Mathieu au verset 41. Deri-debant eum principes CVM EIS.

C'est vne autre imposture : car ce rela-tif *Cū eis,* se rapporte au peuple, nō aux sol-dats, il ne faut que lire le texte. Quand à S.

Matthieu l'imposture est plus grande : car il n'y a pas aucune ombre de ce que vous dittes.

Pag. 36. *Comme quand sainct Pierre citant la Genese dans les Actes chap. 3. disoit:* In semine tuo benedicentur omnes familiæ terræ.

Tous ces exemples ne font rien à propos. Car les Escritures Canoniques, de quelque façon qu'ils alleguent les Escritures, font que leur allegations sont Canoniques, ayans pouuoir de faire vn autre texte, tel qu'il plaisoit à Dieu, laquelle qualité vous n'auez point, qui estes restreint au texte, & aux paroles de l'Eglise.

Ibid. *Dans les Actes chap. 5.*

C'est au chapitre 3.

Ibid. *Genese 12. Il y a seulement.*

Vous ignorez qu'en la Genese chap. 22. il y a *Benedicentur in semine tuo omnes gentes terræ.*

Ibid. *Omnes cognationes terræ.*

Il y a *vniuersæ* au texte.

Ibid. *Retranche des parolles du texte.*

Il est loisible de retrancher sans alterer le sens, quand on n'a pas besoin du reste.

Ibid. *Ce sont des citations du sens, & non pas des termes.*

Mais vous & moy sommes adstreins au texte authétique que l'Eglise nous a donné, sans le changer, sous pretexte que c'est le mesme sens, qui est l'asyle des falsicateurs.

Pag. 37. *Il m'accuse d'infidelité.*

Cela est faux : I'accuse vostre imprudence de parler comme vous parlez en cette matiere : Et vostre ignorance de n'auoir trouué vn texte, que vous mesmes dittes icy que vous l'auez cité.

Ibid. *I'ay cité ce passage en la page 724.*

Il n'est pas questió de ce que vous dittes ailleurs, mais icy, par les paroles que i'ay citees.

Ibid. *Il dissimule par preuarication.*

Vous commettez vne autre fausseté: car en ce lieu vous excusez vne autre exorbitance, par laquelle vous auiez dit en la page 714. de vostre liure, que Iesus-Christ auoit deposé qu'il y auoit parmy les Iuifs vn commandement de se vanger au viel Testament.

Ibid. *Ie n'ay pas dit qu'il n'y eust aucun commandement touchant le pardon des iniures, dans le vieil Testament, mais que ie n'en trouuois aucun formel.*

C'est pourquoy i'accuse vostre igno=

rance , s'il n'y a point de mauuaise foy en
voſtre faict.

Pag. 38. *Commandement negatif.*

Les commandemens negatifs doncques, ne ſont-ce pas commandemens ex-
prés & formels?

Ibid. *Que ie N'EN TROVVOIS.*

C'eſt porquoy ie vous ay cotté & mar-
qué ce commandement pour le vous ap-
prendre.

Ibid. *Il m'accuſe de fauſſeté , diſant que la
Loy du Talion eſt vne eſpece d'iniuſtice.*

C'eſt vne impoſture enorme , dont il
n'y a aucune trace en mes eſcrits.

Pag. 39. *Le Cenſeur qui a pris tout ce qu'il
dit contre moy en deux grandes pages de Cornelius à Lapide ſur le 22. de l'Exode.*

Ie n'ay pas leu, ny veu , vne ſeule parole
de cet Autheur en l'endroit que vous cottez. Et quand ie l'aurois leu, i'euſſe trouué
qu'il ne dit rien contre moy : mais qu'il
confirme pluſtoſt ce que i'ay dit tant vous
eſtes aueugle; n'ayant que de la fineſſe
pour faire le ſourd à toutes les raiſons qui
vous preſſent, & aux paſſages qu'on vous
allegue : car pourquoy ne reſpondez vous
rien à ce que i'ay prouué que ce n'eſtoit pas
vn commandement ; pourquoy laiſſez

vous paſſer le paſſage de S. Auguſtin, par
lequel vous eſtes conuaincu.

Pag.30. *Nam alioqui ſi Rex ruſticum per-
cutiat, non poteſt iuſtè ab eo repercuti.*

Pourquoy coupez vous le reſte qui ſuit
immediatement, *Vnde & hac lege proxime
v.26.excipitur percutiens ſeruum:* ſinon parce que cela monſtre que la loy de Talion
ne s'eſtendoit point à des Rois , Mais es
valets,afin qu'elle ne fuſt pas iniuſte.

Ibid. *Tout ce qu'il m'obiecte, eſt pris mot
pour mot de Cornelius à Lapide ſur l'Exode
chap.12. verſ.37.*

Cela eſt faux , il ne faut que conferer
mes eſcrits auec ceux de ceſt Autheur. Et
quand il ſeroit vray,i'en ferois gloire, mo-
yennant qu'il ſeruiſt à conuaincre voſtre
fauſſeté.

Pag.40. *Il adiouſte en la page 63. des choſes
mal plaiſantes.*

Ie croy qu'elles ne vous plaiſent point,
parce que ie me moque de voſtre impertinence.

Ibid. *Les huict mille cinq cens octante.*

C'eſt peu de choſe pour venir à quatre
millions.Et vous ne prenez pas garde que
la tribu de Leui n'eſtoit pas encore alors
ſeparee des autres Iſraelites.

Ibid. *De Cornelius à Lapide montoit par delà* TROIS MILLIONS.

C'est vne imposture que vous faictes à vostre Confrere, qui ne parle que de trois millions, sans passer par delà, de sorte qu'il vous en manque encore vn million, comme ie dis aussi en mon liure, à quoy vous ne respondez rien.

Ibid. *Et les combatans enuiron à dix-huict cens mille.*

Ces dix-huict cens mille sont compris dans les trois millions, & ainsi ils ne seruent de rien pour faire les quatre millions, quand mesme il y auroit eu dix-huict cens mille combatans, comme vous dites.

Ibid. *Marie fut touchee de la lepre, & plusieurs mordus de serpens.*

Et où laissez vous ce que i'ay dit suiuant le tesmoignage de l'Escriture, que tant de millions d'hommes & de femmes moururent dans le desert. Moururent ils tous par miracle sans aucune maladie? pourquoy faictes vous le sourd à des veritez si claires & si pressantes.

Page 41. *Ie ne suis pas de son aduis.*

Mais vous ne respondez rien à mes preuues, vous en sentant accablé.

Ibid. *La ladrerie s'appelle plus de douze fois,*

fois, PLAGA LEPRÆ.

Vous monſtrez encore plus voſtre ignorance en niant que la lepre, & particulierement celle de Marie, eſtoit vne maladie,
ſans parler de l'opinion de ceux qui enſei-
gnent que la lepre, dont parle l'Exode
eſtoit bien d'vne autre ſorte que celle de
noſtre temps.

Ibid. *C'eſt vne grande ignorance de con-*
fondre les bleſſeures auec les maladies, comme
faict le Cenſeur.

Vous dittes cela, comme ſi la bleſſure
d'vn ſerpēt qui iette le venin dans le corps,
ne cauſoit pas des maladies, qui font mourir les hommes, quoy que la bleſſure meſme qui en eſt la cauſe, ne ſoit pas vne maladie.

Ibid. *Il prend celuy qui ſemble le plus fa-*
uorable à ſa cenſure.

Cela eſt faux; le texte de S. Iean eſt beaucoup moins à voſtre propos, ou le nom de
aditus, ne ſe trouue pas ſeulement.

Ibid. *Il doit ſçauoir que Ieſus-Chriſt eſt le*
chemin, & l'accez, ou l'entrée à Dieu le Pere,
formaliter.

Cela eſt faux. Vous n'entendez pas ce
terme : car l'accez formaliter n'eſt qu'vn
mouuement accidentaire, qui a pour ſon

ſujeƈt la perſonne qui s'approche.

Pag. 42. Ce P E R, *ne deſigne pas la formalité, comme il faiƈt aux Epheſiens, chap.* 2.

Cela eſt encore faux, liſez le texte : *per ipſum habemus acceſſum, per*, ſignifie la cauſe de noſtre accez.

Ibid. *Il m'accuſe d'eſtre Sabellian.*
Cela eſt faux, qu'on liſe mes paroles.

Ibid. *Si ie ſuis heretique Sabellian, il faut que Robert de Sorbone l'ayt eſté deuant moy: car c'eſt de luy que i'ay pris ceſte remarque.*

Ie n'ay pas leu ceſt Autheur : mais quád il diroit ce que vous en alleguez (dont ie doute fort) vous ne reſpondez point à la raiſon que i'apporte , pour prouuer que vous uous trompez.

Pag. 43. *Ce qui a trompé noſtre Cenſeur, c'eſt qu'il a confondu deux textes de Daniel.*

Ie ne confonds point les textes , mais vous leur faites vne violence couuerte de les appliquer à diuerſes perſonnes : Car le verſet 13. ſe rapporte euidemment à ceſt Ancien, dont il auoit eſté parlé vn peu plus haut au 9. verſet.

Ibid. *Mon intention eſtoit de raſſembler les Eloges de Ieſus-Chriſt , non ſeulement des ſainƈtes Eſcritures , mais auſſi de pluſieurs Peres de l'Egliſe.*

Vous promettez quatre fois de le tirer de la saincte Escriture, page 807. l. 12. pag. 808. l. 11. & 12. pag. 810. l. 27. & 28. pag. 812. l. 18. ou vous dittes deux fois expressement, de ne vouloir faire estat que des Eloges couches en l'Escriture.

Ibid. *I'adiouste que le mesme Epithere a esté communiqué à Iesus-Christ par Iob au chapitre 26.*

Il ne s'agit point du passage de Iob, mais de S. Marc.

Pag. 44. ὥσπερ, &c.

C'est le passage que ie vous auois cotté en corrigeant vostre faute, mais vous faittes le sourd à tout.

Ibid. *De mesme façon que la perle se faict de deux natures diuerses, & est comme fille du tonnerre.*

C'est vne autre imposture : car ἀστεραπὴ ne signifie pas tonnerre, dont il s'agit, mais esclair.

Ibid. *Deux generations.*

Vous faictes vne autre imposture : car S. Gregoire ne parle point de deux generations, mais de deux natures en vne personne. Qu'on lise seulement ce que i'en ay dit, & on y verra la responce à toutes vos fuittes & impostures que vous faittes icy.

Ibid. *Quand ie dis que Iesus-Christ en l'Eucharistie, est le froment sainct.*

Il ne s'agit point de cela, si Iesus-Christ se peut appeller froment : mais si en Iosué chap. 14. il est appellé Cades, ou Cadesbarne, pourquoy fuyez-vous les preuues, sinon, par ce que vous vous sentez accablé?

Pag. 45. *Doncques il n'est pas la clef de Dauid.*

Cela est faux. Ie ne die point qu'il n'est pas la clef, mais qu'il n'est pas appellé la clef en Isaie, ou en l'Apocalypse, qui est ce dont il s'agit.

Ibid. *Nostre Seigneur peut estre comparé à vne chose, & peut auoir la mesme chose sans preiudice de la verité.*

Il est vray : mais c'est vn preiudice de la verité, de dire qu'elle est appellee de ces noms aux lieux alleguez : ce que l'Eglise aussi ne dit point. Lisez ma preface, page 65. & vous y trouuerez vostre responce: Mais vous esquiuez à tout ce qu'on allegue.

Pag. 46. *Quant au Prophete Iob, il est vray que c'est vne faute de ma memoire.*

Dittes plustost de ma mauuaise foy: car pourquoy ne cottez vous point l'endroict de l'Escriture, d'où vous auiez tiré cest Eloge.

Ibid. *Laquelle i'auois desia marquée pour la corriger en la seconde edition.*

Mais vous dissimulez finement, que vous l'auiez faict estant aduerty par mon liure.

Ibid. *Mais quant à Clement Alexandrin & à S. Crysostome, le Censeur s'abuse.*

Vous abusez de vos Lecteurs : car ces Peres ne font nulles remarques sur la parole de S. Iob, qui est le poinct dont il s'agit entre nous deux.

Ibid. *Iamais Iesus-Christ n'auança vne seule parole en ses Predications, qui ne fust entenduë de tout le monde.*

Vous passez icy finement sous silence la vraye proposition 48. *de Scala Iacob*, la verité vous ayant estouffé la parole dãs la bouche, & vous prenez la 49. pour la 48.

Ibid. *Il me reprend d'ineptie & d'outrecuidance.*

Vous deguisez la verité : car i'ay dict expressement, que ie ne voulois rien dire des paroles dittes en particulier aux Apostres, qu'ils n'ont pas entenduës.

Pag. 47. *Ie monstre clairement par tout le Chapitre que ie n'entends pas parler des dif-*

cours que Iesus-Christ tenoit à ses Apostres,
mais de ses Predications populaires.

Vous ne respondez rien à l'exemple
que i'apporte d'vn sermon populaire de
S. Iean 8. ny de celuy de S. Iean 16. v.
17. ny de celuy de S. Iean 7. v. 35. & 36.
Vous n'auez de la finesse qu'à faire de faux
silences, & qu'à suyr.

Ibid. *Ie dis que Iesus-Christ fut tousiours
clair & intelligible, quant au sens literal de ses
Predications.*

La fausseté de ces paroles se monstre
par les mesmes exemples que i'ay appor-
tez.

Pag. 48. *Cét homme qui est si ponctuel
pourroit dire aussi que Dauid a faict tort à tous
les gens de bien, quand il a dit si expressement
par deux fois: Non est qui faciat bonum, non
est vsque ad vnum, Psalm.52.*

Vos hyperboles, ou impostures, n'ont
rien de commun auec le passage de Dauid,
qui est vray à la lettre, comme l'enseigne
S. Aug. in Psal. 52. & lib. de *Perf. Iustitiæ*
cap. 13.

Ibid. *Ecce mundus totus post ipsum abit.*
Vous faictes bien de prendre les paroles
des Pharisiens pour le modele des vostres.

Ibid. *Trois ou quatre en vn si grand nom-*

bre de peuple, *pro nihilo computantur.*

Il ne s'agit point de trois ou quatre, mais d'vn grand nombre, comme il paroiſt par mes eſcrits, à quoy vous ne reſpondez rien.

Pag. 49. *Il rapporte les paroles de Genebrard à contre ſens.*

C'eſt vne impoſture noire : car il n'y a nulle verſion au liure de Genebrard qui porte chaire des *Atheiſtes.*

Ibid. *Le Prophete entend les impies & les Athees.*

Vous diſſimulez qu'il y comprend les heretiques, qui ne ſont pas pour cela A-theiſtes.

Ibid. *Diuina humanaque rident.*

Pourquoy laiſſez vous le reſte qui eſt entre deux, ſinon parce qu'il monſtre que Genebrard dit que ces peſtes ſont de faux Prophetes & Docteurs, qui pour cela ne ſont pas tous Atheiſtes? *Quod ferè reſtringūt ad pſeudo prophetas & doctores peſtilentis & impiæ doctrinæ.*

Ibid. *Outre les Atheiſtes il y a trois eſpeces d'impies, ſçauoir les Gentils, les Iuifs, & les Heretiques.*

C'eſt vous qui le dittes ainſi ſans preuue, dittes nous donc ſoubs quel membre

ſont compris les Atheiſtes? Mais il n'eſt
pas queſtion entre nous de l'interpretation
de ce paſſage qu'a fait Genebrard, mais de
la verſion à quoy vous demeurez muet
comme vn poiſſon.

Pag. 50. *Quelle fiance peut-il y auoir en la
ſincerité de cet homme, qui vſe d'vne ſi groſſie-
re corruption.*

Ie n'ay fait nulle corruption: car i'ay mis
les propres paroles de Genebrard à la marge. Or c'eſt vne autre queſtion quelle traduction eſt la meilleure: mais vous eſtes
ſage de vous prendre à l'acceſſoire, laiſſant
le principal qui vous couppe la gorge.

Ibid. *C'eſt en cét endroit qu'il triomphe.*

Ie ne triomphe point, mais ie vous preſ-
ſe par de viues raiſons, & vous repreſente
ce que vous auez à prouuer, & vous reſpondez par des exclamations & des fuites.

Ibid. *Comme s'il m'auoit ſurpris ſur la
plus grande perfidie du monde.*

Ie le dis encore, que c'eſt vne grande
perfidie: car où ſont les verſions qui portent *chaire des Atheiſtes*, comme vous di-
ſiez que tout le monde ſçait.

Pag. 51. *Cornelius à Lapide, auquel le Cenſeur fait cet honneur de l'appeller aueugle.*

Reſpondez donc aux raiſons que i'ap-

porte pour prouuer qu'il s'est mespris aussi
bien que vous en mettant des ombres au
lieu de la verité.

Ibid. *Ayant neantmoins pris de luy tout ce
qu'il dit depuis la page 85.iusques à 91.*

C'est vne faussété des plus noires que
vous sçauriez dire. Car cet Autheur n'a
rien en ce lieu de la Genese de ce que ie
vous allegue,& à quoy vous ne respondez
rien.

Pag. 52. *Suiuant l'edition des Septente fai-
te à Rome l'an 1588. qui met ce chap. le trente-
huictiesme.*

Si i'auois cette edition, on pourroit iuger de vostre bonne foy : car il est peu
croyable, qu'on mette le chap. 38. au lieu
du 31. Mais ie voy bien que vous ne faites
que chercher de la confusion, en brouïl-
lant, & les editions & les chapitres, & les
versets, comme il se peut voir en toute
ceste vostre response, pour empescher
qu'on ne vous attrape.

Ibid. *Or dans ce chap. sont descrits meta-
phoriquement les hommes Apostoliques sous
le nom de Geans.*

Qu'est-ce sous le nom de Geans, sinon
que le Prophete met le nom de Geans,
mais qu'il le faut expliquer metaphori-

quement. Ce qu'estant faux : comme l'auois dit, vous destournez vos paroles en vn autre sens.

Ibid. *Rephaim, Seruatores, ou Saluatores.*

L'vn & l'autre est faux : le texte des 70. dit, v. 7. *Saluauit Dominus populum suum,* Et v. 11. *Liberauit (Dominus) eum, &c.* où il parle de Dieu euidemment, non de vos Geans.

Ibid. *Enackim, Gementes, vel gemere facientes,* ils sont descrits au verset quinziesme. 3. *Zanzumim, Irati & Fortes,* ils sont descrits au verset dixiesme. 4. *Zuzim, postes, superliminaria, Gentes fortes, ἔθνη ἰσχυρά.*

C'est vne fausseté intolerable. Car ny dans le v. 15. ny 10. ny 38. de ce chap. 31 selon les 70. Il n'y a rien de *Enachim, Gementes, gemere facientes,* ny de *Zanzumin, Irati, & fortes,* ny de *Zuzim, postes, super liminaria, Gentes fortes, ἔθνη ἰσχυρά,* ny de *Nephilin, Cadentes, irruentes, potentes, cadere facientes,* ny de *Horin Principes, Nobiles, Pretiosi candidi,* qui se puisse appliquer en apparence à ces Geans que vous dittes.

Ibid. *Ils sont descrits au verset 20. suiuant toutes les versions.*

Encore il n'y a rien icy du tout, ny aucu-

cune trace de vos Geans : Le texte dit,
*Si filius honorabilis mihi Ephraim , si puer
delicatus* : Quel rapport a cecy auec les
Geans.

Ibid. *Dans l'Escriture les noms de Puits, &
de Fontaine , sont synonimes pour la pluspart.*

Il est faux , qu'ils soient Synonimes au
lieu, dont il s'agit , comme Origene mesme l'a remarqué bien amplement au lieu
propre, que vous alleguez, & par les paroles, que vous citez en la page suiuante.

Pag. 54. *Ego puto quod scientia ingeniti Pa-
tris vnus possit intelligi puteus.*
Ces paroles d'Origene monstrent l'imposture que vous luy auiez faicte , en disant,
qu'il entendoit par les trois fontaines les
trois attribus de Puissance , de Iustice , &
de Bonté, pag. 341. de vostre liure, où est le
front, où est la honte?

Ibid. *Quæ ad pluralem puteorum numerum
reuocatur : sed horum puteorum vnus est fons.*
Iugez par cecy, si Origene préd ces deux
mots pour Synonimes , *Oculos habent, &
non videbunt.*

Ibid. *Il est vray que l'article est dans l'Hebrieu.*
C'est le poinct dõt ie vous accuse, & non
pas si l'article est superflu ou non , qui est

42

vne question bien plus scabreuse.

Pag.55. *Voila comment parle Sanctius.*

Pourquoy ne cottez vous pas le liure
& le chapitre de Sanctius, ou les pages,
afin qu'on puisse examiner la verité. Mais
il n'est pas question de ce que dit Sanctius, ains de ce que vous auez dit, & non
pas si *Te est paragogicum*, mais s'il s'y
trouue.

Ibid. *Quand i'ay dit, la version Hebraï-
que, ie monstre bien que ie n'entends pas le texte originaire de la Bible, lequel n'est pas vne
version, mais le texte originaire.*

Graces à Dieu, qu'à la fin vous com-
mencez à vous amender. Ce que ie tiens
pour vn grand miracle : car c'est ceste faute que ie vous ay marquee en la page 96.
l. 2. de mon liure.

Ibid. *I'ay donc entendu les Hebrieux.*

Et pourquoy n'alleguez-vous pas mesme ces Hebrieux, sinon par ce que vous
vous trouuez court?

Ibid. *Tel est le sens de Dauid.*

Il ne s'agit point du sens entre nous,
mais de la traduction.

Pag.56. *Numquid COGNOSCENTVR.*

Il s'agit de la traduction du Pseaume 6.
non 87.

Ibid. *Confitebitur tibi?*

Ce texte mesme vous coupe la gorge; car il dit *Confitebitur, non cognoscet.*

Pourquoy ne respondez vous rien à la proposition 57. sinon par ce que vous ne trouuiez rien pour vous excuser, mesme en apparence? Car pour les trois autres que vous ne touchez point aussi, elles estoient alors iustement sous la presse, quand vous fistes arrester l'impression de mon liure, & attrapastes vn exemplaire imprimé du reste, sur lequel vous auez formé vos responses.

Fin du premier Chapitre.

REFVTATION
DV CHAPITRE
SECOND.

Pag. 2. *Quelques-vns abufans de la liberté que ie leur donne dans mes aduertiffemens, de releuer mes deffaus en charité Chreftienne, font entrez dans ma fomme de Theologie comme des Sangliers dans vne vigne.*

Ie ne deftruis rien de voftre Somme que ce qu'il y a de faux & de defectueux. Ce que ne font pas les fangliers quand ils entrent dans la vigne.

Ibid. *Il eft venu entre mes mains quelque nombre de propofitions.*

Ce font des propofitions que vous mefme auez forgees à plaifir, & auez controuué malicieufement vne refutation du tout abfurde, afin de la pouuoir deftruire facilement.

Pag. 3. *Vn plagiaire.*

Vous imitez parfaictement ceft impofteur, en m'impofant la collection & la refutation de cinquante propositions, que vous mesme auez inuentees.

Ibid. L'animosité de cet Aristarque me faict croire que si ie faisois imprimer le Symbole des Apostres on y trouueroit des heresies à centaines.

Cela seroit veritablement à craindre: car vostre addresse de corrompre les passages du S. Esprit & des Peres, est si prodigieuse, que ie puis protester que ie n'ay iamais cogneu rien de semblable en aucun Escriuain Catholique.

Pag. 4. Il eust falu voir la fin de l'ouurage: Nous fussions morts sans douleur, mais enfin nous fussions morts.

Voila vne des propositions que i'accuse d'vne formelle heresie, & comme condamnee par tous les anciens, quelque deguisement & plastrement que vous y apportiez, & quelque chose que vous en disiez ailleurs.

Ibid. Le Censeur n'a pas bien consideré mes parolles & a retranché la moitié de ma proposition.

Cela est faux. I'ay rapporté fidellement ce que i'y ay trouué, & ce qui estoit blasmable.

Ibid. En vertu de nos principes interieurs

nous ne pouuions euiter la mort.

C'eſt plaſtrer l'hereſie que vous auez enſeignee : car à quel propos auez vous adiouſté *ſans douleur*, ſinon pour ſignifier que nous euſſions enduré reellement la mort, mais ſans les douleurs qui l'accompagnent maintenant ?

Ibid. *Et de la contrarieté des Elemens qui tendent à la fin.*

Et ces Elemens ne tendent-ils pas par meſme moyen aux douleurs qui precedent la mort ? Pourquoy donc oſtez vous les douleurs, ſinon pour donner à cognoiſtre qu'elles euſſent eſté ſeparees de la mort actuelle par les priuileges de l'eſtat d'innocence ? Et pourquoy adiouſtez vous que nous n'euſſions pas ſouffert les incommoditez du froid, du chaud, de faim, de ſoif, mais bien la mort, puiſque la compoſition des Elemens peut cauſer auſſi bien l'vn que l'autre ?

Pag. 5. *Nous fuſſions morts ou euſſions eſté mortels.*

Encore cela eſt faux que nous fuſſions morts : mais il eſt vray que nous euſſions eſté mortels, c'eſt à dire capables de mourir.

Ibid. *Et n'euſſions eu aucune neceſſité de mourir.*   Et

Et celle là n'est autre que celle qui vient de la composition des Elemens dont vous parlez.

Pag. 6. *Nous eußions eu l'impaßibilité, c'est à dire, que nous eußions esté mortels*, ab extrinseco, *si nous eußions voulu ne pecher pas*.

Il est euident que vous parliez des inuasions & des iniures des Elemens qui viennent de dehors : duquel point ie ne vous accuse pas.

Ibid. *Poterat mori.*

Posse mori est bien autre chose que dire que nous fussions morts, & ce qui est pis, *il falloit voir la fin de l'ouurage*, comme vous dictes, soit que vous disiez en vertu des Elemens, ou bien *neceßitate natura*, qui est la parolle que condamnent les Conciles : Car estre mortel en vertu des Elemens, & mourir en vertu des Elemens, sont propositions bien differentes.

Pag. 7. *Dieu le Pere engendre hors de soy vn certain verbe expreßif.*

Voila la seconde proposition que i'ay blasmee, & que i'accuse encore d'heretic.

Pag. 8. *I'ay dit & monstré fort au long en la page 473.*

Il ne s'agit point de ce que vous dittes

48

ailleurs, mais au lieu allegué.

Ibid. *Le Pere engendre hors de soy termi-*
natiuement.

C'eſt plaſtrer & deſguiſer le blaſpheme
que vous auez enſeigné : & il n'y a homme tant ſoit peu Religieux & entendu au
monde, qui oſaſt parler ſi hardimēt comme vous parlez icy : car qu'eſt ce *termina-*
tiuement hors de ſoy, ſinon vn terme qui eſt
hors de ſoy? qui eſt vne autre hereſie for-
mee. Car c'eſt vne grande fauſſeté de dire que la diſtinction du terme que le Pere
produit , ſuffit pour dire que le Pere engendre le Fils terminatiuement hors de
ſoy-meſme.

Ibid. *Ces choſes à mon aduis ne peuuent pas*
s'expliquer populairement & intelligiblement
auec plus de reuerence.

Cela eſt faux. Vous ne le dittes que pour
couurir l'impieté de la propoſition par la
difficulté pretenduë de bien parler.

Pag. 34. *Quand vn pauure eſprit trauaille*
beaucoup pour ne rien faire qui vaille, afin que
ſes trauaux ne demeurent ſans recompenſe,
Dieu luy donne vne ſatisfaction perſonnelle.

Voila la troiſieſme propoſition que ie
blaſme parmy ce grand nombre de propoſitions. Mais c'eſt vne fauſſeté inſupor-

table de dire que ie l'ay refutee de la façon. C'est vous qui ayant peur que ceste
proposition ne soit attaquee, auez inuen-
té vne refutation ridicule pour la battre
en vous mocquant; & la refutation que
i'en ay faicte, ny vous, ny personne du
monde ne l'a iamais veuë hors de mon
cabinet.

Pag. 44. *La personalité de l'homme a esté
comme entée & mise acheual sur la personalité du Verbe.*

Voila la quatriesme proposition que
i'ay accusee.

Pag. 45. *I'ay faict corriger l'imprimé, &
au lieu de* personalité, *i'ay faict mettre la* sub-
stance.

Ie louë Dieu de ce qu'il vous a ouuert
les yeux, & fait reuocquer vne seule heresie, estant frappé de l'absurdité que i'auois
marquee. I'espere que ie vous feray inse-
rer bien encore d'autres quartons dans vostre liure, si ce n'est, comme ie le croy, que
la Sorbone vous releue de ceste peine, en
prononçant vn Anatheme contre l'hor-
reur de tant d'ordures qui sont comprises
dans vostre Somme.

Pourquoy supprimez vous la proposition qui parle auec tant d'impieté des tran-

chees de l'enfantement de la Vierge, puis-
que vous sçauez tres-bien que c'est vne de
ces quatres que i'ay presentees à la Sorbone. Le front & la hardiesse vous ont man-
qué pour la toucher seulement, tant est elle contraire à la pieté des Chrestiens: mais
i'en parleray en temps & lieu.

*Pag. 46. De tous les papiers qui m'ont esté
communiquez, hormis vn feuillet imprimé que
ie n'ay pas voulu voir.*

C'est vne imposture enorme que vous
faictes contre vostre conscience, qui sçait
fort bien que vous n'auez eu nulle con-
noissance de tant de fautes faictes sur l'Escriture Saincte dont on vous a chargé, ny
de la refutation que i'en ay faicte, & à laquelle vous n'auez repliqué que par le
moyen de mon liure imprimé, qu'vn certain personnage vous a donné. Quand au
reste des papiers & des refutations de vos
propositions, vous les auez inuentees
vous mesmes, de peur que vous auez qu'elles ne soient combatues comme plusieurs
d'entre elles le meritent.

*Ibid. Touchant le nombre de ceux qui pren-
nent vne si mauuaise occupation.*

Ie ne sçay combien de vos Peres ont
trauaillé auec vous pour composer ce beau

Liuret , & pour inuenter ceste ruse mali-
gne de la réfutation feinte de cinquante
cinq propositions : Car quand aux refutations des Escritures dont vous auez abu-
sé, ie sçay bien qu'il n'y a qu'vn seul qui y a
trauaillé.

Pag. 47. *Aut mulos aget , aut mannos
Mixtosque iugabit* Semine *quadrupedes.*

Nolite errare, &c. Neq; maledici, neq;
rapaces regnū Dei possidebu nt. 1. *Cor. cap.* 5.

Pag. 48. *Pour estre estimé Theologien il ne
suffit pas d'auoir estudié vn an la Theologie à
bastons rompus , comme a faict le Censeur de
ma Somme.*

Tant est plus grande vostre confusion
d'auoir esté foüetté si vilainement par vn
si petit escolier, & de n'auoir peu rien respondre que par fuittes & impostures aux
crimes dont il vous accuse.

Ibid. *Vne conscience bien erronée par laquelle il pense faire vn sacrifice à Dieu d'im-
prouuer toutes choses.*

C'est vn sacrifice qu'on fait à Dieu que
de descouurir aux foibles, les faussetez par
lesquelles on les trompe : & vn sacrifice
qu'on faict à l'aduersaire de toute vertu &
verité, que de les deffendre par d'autres
impostures, *Non enim vno modo sacrificatur
transgressoribus Angelis. Aug. 1. Confess. c. 17.*

EXTRAICT D'VNE
LETTRE DE L'AVTHEVR.

Monſieur, ie receus le petit liuret du P. F. Garaſſe, hier entre dix & onze heures ſeizieſme du mois de Mars, & ie vous le renuoye ce Mardy dixſeptieſme dudiĉt mois.

I'AY eu ſujeĉt d'esbahiſſement extraordinaire, de voir ceſte malice noire, & ceſte effronterie enorme qu'il a faiĉt paroiſtre au denombrement de cinquante cinq propoſitions qu'il a choiſies luy meſme de ſon liure, comme ſi c'eſtoient celles, dont ie l'accuſe : Car ie proteſte deuant Dieu, & deuant tout le monde, que de toutes celles-là, ie n'en recognois que trois ou quatre, qui ſoient du nombre de celles que ie blaſme, & leſquelles meſme vous auez veuës.

Ce qui luy a donné ſujeĉt de forger ce nombre ſi iuſte de propoſitions, eſt le bruiĉt, qui eſt venu iuſques à ſes oreilles; qu'outre ces quatre, ie me reſeruois de

luy en opposer plus de cinquante ; ce qui
est vray : Mais il est impossible qu'il en
ait eu aucune cognoissance, veu qu'elles
n'ont iamais encore esté transportees hors
de mon cabinet. Quelle impudence de
dire apres cela, quasi à chaque proposition, que ie le calomnie, que ie suis vn
imposteur, que i'y adiouste, que ie tron-
que ses paroles, que ie desguise son sens,
que ie montre ma malice. Et ce qui sur-
passe toute creance, de forger en suitte
vne refutation en l'air, comme si c'estoit
la mienne, se faisant vn ennemy, & luy
donnant la force qu'il luy plaist, pour
le pouuoir plus facilement destruire : y a
il eu iamais en vn tel suiect vne pareille
malice? quelles regles nouuelles de conscience sont celles-cy, par lesquelles ce
Prestre Religieux se gouuerne? Si la frau-
de, en vn mestier ciuil, faict vne notable
iniustice, celle qui se commet en vne matiere la plus sacree de toutes, comme
sont les veritez diuines, ne sera-elle pas
vne espece de sacrilege?

Nous verrons s'il sera plus conscien-
tieux à respondre aux falsifications qu'il a
faictes sur S. Augustin & sur S. Basile, que
vous auez desia entre vos mains. Peut-

eftre qe c'eft là où Dieu l'attend, pour luy
faire la grace de fe recognoiftre, eftant à
mon aduis tres-difficile, qu'il y trouue
mefme des palliations, comme il a faict
en l'Efcriture. Ie n'ay eu autre deffein par
ma refutatiõ, que de la luy procurer, & de
le faire r'entrer en foy mefme, & d'y con-
tribuer autant qu'il m'a efté poffible en
luy donnant la cognoiffance de fes igno-
rances, & vanitez inouïes C'eft ce qui
m'empefche de refpondre à cefte inuecti-
ue, que vous auez remarquee dans fon
liuret, par ce qu'elle me femble trop bru-
tale & groffiere, & qu'elle me rendroit
indigne d'obtenir de Dieu la grace que ie
luy defire de tout mon cœur ; fi i'en auois
du reffentiment, & que ie luy fiffe en fuit-
te quelque repartie.

www.ingramcontent.com/pod-product-compliance
Ingram Content Group UK Ltd.
Pitfield, Milton Keynes, MK11 3LW, UK
UKHW022135170726
13837UKWH00004B/1568